부엔 카미노!

산티아고를 걷다

부엔 카미노! 산티아고를 걷다

글·사진: 구철헌
펴낸이: 원성삼
펴낸곳: 예영커뮤니케이션
책임편집: 김지혜

초판 1쇄 발행: 2015년 4월 16일
출판신고 1992년 3월 1일 제2-1349호
136-825 서울시 성북구 성북로6가길 31
Tel (02)766-8931 Fax (02)766-8934
ISBN 978-89-8350-911-6(03900)

정가 12,000원

www.jeyoung.com

이 도서의 국립중앙도서관 출판예정도서목록(CIP)은 서지정보유통지원시스템 홈
페이지(http://seoji.nl.go.kr)와 국가자료공동목록시스템(http://www.nl.go.kr/
kolisnet)에서 이용하실 수 있습니다. (CIP제어번호 : CIP2015009791)

모든 인간은 하나님의 형상을 닮은 존엄한 존재입니다. 전 세계의 모
든 사람들은 인종, 민족, 피부색, 문화, 언어에 관계없이 존귀합니다.
예영커뮤니케이션은 이러한 정신에 근거해 모든 인간이 존귀한 삶을 사는 데
필요한 지식과 문화를 예수 그리스도의 사랑으로 보급함으로써 우리가 속한 사
회에 기여하고자 합니다.

예문서원인사이드

몸에 라마단!

산티아고를 걷다

40일 동안 몸으로 걸으며, 마음으로 드리는 예배

글·사진 구철회

생장 피드포르에서 산티아고 데 콤포스텔라

그리고 땅끝 피스테라까지

산티아고로 가는 길 위에 느낀

하나님을 향한 간절한 그리움을 여기에 담다

독자에게

　구철헌 목사님의 순례의 길은 우리가 순례자가 되어 이 여정에 동참하는 듯했고, 저는 그러한 마음으로 이 순례자의 길에 함께 했습니다. 그리고 매일매일이 기대에 부풀었던 순례자의 마음과 같이 저 역시도 그 길 위에서 걸었고, 그 길 위에서 하나님의 위대하신 창조물을 대하여 보았습니다. 그 길, 역시 힘이 들었습니다.

　매일 이른 아침에 제일 먼저 카미노에서 보내온 순례자의 글을 읽는 것이 일상 중에 일순위였습니다. 거기에는 깊은 회개의 눈물이 있었고, 감사가 있었고, 사랑이 있었습니다. 또한 그 길에서 평지와 언덕과 구불구불한 길 등, 한 치 앞을 가늠할 수 없는 우리 인생의 현실을 보았습니다. 그리고 고통이 현실이 되어 아픔이 되었고, 기댈 수밖에 없었던 약한 육체를 엿보았습니다. 그리고 하나님을 구하며, 긍휼의 은혜를 구했습니다.

이 모든 여정에 저는 전율했습니다. 나 자신이 이 여정에 직접 경험하고 있는 듯했습니다. 마침내 도착하고 난 후에 뒤돌아보며 주님의 그 손길이 어찌나 따뜻했는지 아직도 그 자리가 주님의 온기가, 사랑이, 은혜가 남아 있었습니다. 이 여정에서 저자와 더불어 저 역시도 하나님의 크신 은혜와 사랑을 경험했습니다.

감사합니다.

사랑합니다.

부엔 카미노!

이병직 목사 | 주소망교회 담임

분주함. 소란함. 움켜쥠. 붙잡음. 올라감. 갈라짐. 복잡함. 상처입음. 달려감. 무료함. 진정한 쉼과 안식을 상실하며 살아가고 있는 현대인들의 피로감을 가리키는 다양한 징후들입니다. 삶과 신앙의 의미를 되새기기 위해 저자는 산티아고로 가는 순례의 길 위에서 길을 물어봅니다.

저자는 하늘과 구름, 달과 별, 수도원과 기도, 안개와 비바람, 포도원 길과 농부와의 만남, 대평원과 이정표 등 순례의 여정에 대한 회화적 묘사와 상상력을 유발하는 풍경 사진을 통해 삶에 대한 두 가지 진실을 배웠다고 고백합니다. 짐을 버리는 것과 다른 사람들을 사랑하고 섬기는 것이라고….

그에겐 산티아고로 가는 순례의 여정이 십자가의 길처럼 고통스러웠지만 마침내 "부엔 카미노!"였다고 고백합니다. 본서를 길 위에서 길을 묻는 크리스천을 위한 소박한 신앙 묵상집으로 적극 추천하는 바입니다.

류호준 목사 | 백석대학교대학원 신학부총장

산티아고로 가는 순례 길은 이제 한국에도 많이 알려져 있습니다. 야고보의 시신이 안치되어 있다는 스페인 산티아고를 향해 프랑스 생장 피드포드에서 출발하여 820km를 걸어가는 순례 길입니다. 하루 20여 km씩 걸을 때 거의 한 달이 걸리는 여정입니다.

저자는 이 길을 걸어가면서 찬양과 기도, 묵상, 교제를 경험했습니다. 매일 얻은 감동을 한국에 있는 성도들과 나누면서 그 길을 걸었습니다. 이 책은 그때 나눈 내용을 중심으로 만들어졌기에 생생하고도 귀합니다. 매일 걸었던 풍경을 사진으로 남기며, 그날 느낀 감동을 글에 담았습니다. 귀한 사진 덕분에 우리는 책을 한 장씩 넘기면서 저자와 함께 산티아고 순례 길에 오릅니다. 그리고 하나님과 우리 자신과의 관계를 다시 한 번 재확인하며 감사와 영광을 하나님께 돌리게 됩니다.

이경직 목사 | 백석대학교 신학대학원 조직신학 교수

순례를 떠나기 전에

여기에 실린 글과 사진은 '산티아고로 향하는 길'을 걸으면서 매일 카페에 올렸던 것들입니다. 카미노의 고단함이 있어도 그날의 생각과 풍광들을 카페에 올리게 된 것은 한국에 있는 신앙공동체의 형제자매들이 순례자와 함께 일치된 마음과 자세로 카미노의 여정에 함께 참여할 수 있도록 하기 위함이었습니다. 글은 카미노가 주는 환경을 기독교 신앙의 관점에서 보고, 듣고, 배운 대로 표현한 것이었고, 거기에서 찍은 사진들은 카미노 전 구간의 풍광들을 소제목에 적합하도록 분류한 다음 재배치한 것입니다.

　　매일의 생각과 풍광을 모은 것이기에
체계가 있어 보이는 글과 사진들이 되지
는 못합니다. 그러나 이러한 단편적인 글
과 사진 밑바닥에는 분명한 한 줄기의 흐
름이 있습니다. 그 흐름은 인간에게는 그
무엇으로도 채울 수 없고 해갈이 안 되는
목마름입니다. 그 목마름이 지시하는 곳은
바로 '하나님 그 자신과 하나님의 나라'라
는 것을 분명히 제시하고 있다는 것을 밝
혀 두고 싶습니다. 저의 글과 사진들을 모
아 책으로 만들어 주신 예영커뮤니케이션
의 김지혜 자매에게 진심으로 감사를 드립
니다.

구철헌 목사

차례

첫 걸음

네 마음의 소원대로 허락하시고
네 모든 계획을 이루어 주시기를 원하노라.
시편 20:4

MANSILLA DE LAS MULAS

나는 오늘부터 40일간 산티아고의 808km 순례 길을 떠난다. 2009년 가을, 목회자 영성수련회에 참여했을 때 같은 방에 계셨던 목사님이 산티아고의 순례 길은 기독교의 성지로서 예루살렘 성지보다 하나님을 체험할 수 있는 더 깊은 은혜가 있으니 꼭 한번 가 보라고 권유했다. 나는 그 후 산티아고 순례 길에 대해서 동경을 갖고 자료를 모으던 중 교회의 배려와 사랑, 후원을 받아서 출발하게 되었다.

예수님의 열두 제자 중에 한 사람이었던 야고보^{스페인어로} '산티아고' 는 예수님이 십자가에 처형된 뒤 복음을 전하기 위해 예루살렘에서 이곳 스페인 북부 갈리시아 지방까지 걸어와서 복음을 전하고 돌아갔다. 그 후 야고보는 계속 복음을 전하다가 헤롯 왕 아그립바 1세에 의해서 참수를 당하게 된다. 야고보의 제자들은 그의 시신을 선원도, 돛도 없는 배에 실어 스페인으로 보냈는데 일주일 만에 갈리시아 지방의 파드론 해변에 무사히 도착하게 되었다. 야고보의 시신은 그를 사랑하는 사람들에 의해서 현재의 '산티아고 데 콤보스텔라' ^{Santiago de Compostela} 에 묻혔지만 시간이 흐르면서 사람들의 관심에서 멀어지게 되었다.

주후 813년 한 수도사가 감미로운 소리와 반짝이는 별무리를 따르다가 야고보의 유골을 발견하게 된다. 이때부터 이곳은 "별이 비춘 들판"이라는 이름의 캄푸스 스텔라 ^{Campus Stellae} 라고 불리다가 현재의 콤보스텔라^{Compostela} 가 되었다. 이 소식은 유럽에까지 퍼졌고, 아스투리아스의 왕인 알폰스 2세가 이곳을 방문해서 성당을 짓고 그를 스페인 수

호 성인으로 선언하고 종교적 행사를 가지므로 야고보는
스페인의 수호 성자로 일컬음을 받게 된다.

　그 후 야고보가 걸었던 순례 길을 걸으려는 프랑스인들
의 열정이 프랑스 남부의 '생장 피드포드'에서 시작되어 피
레네 산맥을 넘어 산티아고로 이어지는 길이 '카미노 산티
아고'라고 불리기 시작했다.

1987년에 EU가 카미노를 문화유산으로 지정하고, 1993년에는 유네스코가 카미노를 세계 문화유산으로 추가하면서 폭발적으로 순례자들이 증가하기 시작했다. 거기에 1997년 파울로 코엘료가 발표한 소설 『연금술사』가 세계적인 밀리언셀러가 되면서 소설의 배경이 된 이 순례자의 길이 젊은이들의 문화 코드로 자리잡기 시작했다.

나는 카미노 순례를 통해서 얻고자 하는 것이 있다. 프랑스 생장에서부터 걷기 시작하여 야고보 무덤이 있다고 하는 카미노 길의 종착지, 스페인 산티아고 대성당의 정오 예배에 참석함으로 나의 전 존재가 '몸으로 드리는 예배'가 무엇인지를 알고자 한다. 그리고 엘리야가 로뎀 나무에서 40일을 걸어가 호렙 산에 도착하여 새로운 삶으로 자신의 생을 마감했던 것처럼 나 역시 순례 길을 걸으면서 하나님을 깊이 있게 만나고 싶은 영혼의 갈망이 있다.

　　또한 나의 육신을 새롭게 하고자 하는 간절한 열망과 맡겨 주신 사명의 본질을 훼손시키거나 왜곡하지 않고 잘 감당하고 싶은 바람이 있다.

만약에 800km를 걸어서 35일 이전에 야고보의 성당에 도착하게 되면 거기서 100km의 순례 길을 더 걸어 대서양이 시작되는 피스테라 중세시대까지만 해도 여기를 세상의 끝으로 알고 있었다. 까지 가서 세상 끝까지 복음을 전하고자 했던 전도자들의 그 열정을 내 영혼 속에 담아 보고자 한다.

부엔 카미노!

간소함

네 길을 여호와께 맡기라 그를 의지하면
그가 이루시고 네 의를 빛 같이 나타내시며
네 공의를 정오의 빛 같이 하시리로다.
시편 37:5-6

11시간의 비행, 5시간의 테제베의 기차 여행, 3시간의
버스 이동까지 카미노가 시작되는 프랑스의 시골 마을인
생장에 도착하기까지 이틀이 걸렸다. 스페인의 산티아고
가는 길은 프랑스 생장에서 출발하는 길이 가장 많이 알려
져 있다. 포르투갈과 스페인에서 가는 길도 있지만 풍광이
좋고, 건축물과 종교적, 역사적 의미가 깊어 많은 사람이

걷는 프랑스에서 출발하는 길인 생장을 택했다.

　프랑스 파리 시내의 몽파르나스 역에서 바욘 역까지 테제베 기차를 탔고, 거기에서 다시 버스로 생장까지 이동했다. 파리 시내에 있는 순례자 전용 숙소에서 하룻밤을 지낸 후 기차역까지 20분간 걸어가면서 중학교 때 보았던 "파리는 안개에 젖어"라는 영화를 생각했다. 그때부터 프랑스에 대한 애틋한 동경이 있었는데, 동경이 지시하는 곳이 바로 생장이었나 보다.

조국을 떠나 지구 반대편에서 자신의 두 다리만으로 약 35일간 800km의 거리를 홀로 걸어간다는 것은 결코 쉬운 일만은 아닐 것이다. 최종 목적지는 스페인 '산티아고 데 콤보스텔라'에 있는 야고보 성당을 지나 복음 전도자들이 유럽의 땅끝이라고 믿었던 피스테라까지 100km를 더 가는 것이다. 그러다 보니 짐을 최대한 가볍게 하는 것은 카미노의 완주와 밀접한 관계가 있다.

배낭의 무게를 자신의 몸무게의 10분의 1 정도로 만들어야 하므로 출발하기 전 '카미노에서 이 물품들은 꼭 필요한 것인가?'를 스스로 되물어가며 짐을 꾸렸다가 다시 헤쳐놓기를 여러 번 반복하면서 지고 갈 짐을 계속 간소화시켜 배낭 무게를 10kg으로 만들었다. 그럼에도 파리 시내 순례자 숙소의 마담은 내 짐이 여전히 무겁다고 충고를 한다. 마담 자신도 수년 전에 카미노를 마치고 깨달은 두 가지는 짐을 버리는 것과 다른 사람들을 사랑하고 섬기는 것이라고 말했다.

산티아고의 길은 천국으로 향하는 순례의 여정에 비유할 수 있을 것이다. 이 순례의 여정에 들어서 있는 현재의 내 모습을 살펴보니 짐이 많다. 그동안 나도 모르게 세속적 가치인 허세와 허영에 의해 필요 이상의 짐들을 제법 많이 갖고 있었고, 다른 사람들의 시선과 평가를 의식해서 스스로의 짐을 무겁게 지고 가는 것 같아 돌아가면 간소함의 표증으로 책부터 과감하게 정리해야겠다는 생각이 든다.

이제는 책 한 권을 사거나 생활물품 하나를 구입하더라도 이것이 천국 순례의 여정에서 정말 필요한 것인가를 되물으며 간소화하려고 한다. 다른 사람들의 시선을 의식하며 자랑, 허세와 허영, 세속적 가치 등 사멸할 것으로 스스로 인생의 짐을 무겁게 지고 가고 있는 나 자신을 깊게 생각해 보면서 내일부터 시작되는 카미노를 마음속에 그려본다.

부엔 카미노!

피레네 산맥
하나님의 정의로우심과 온화함

그는 공의와 정의를 사랑하심이여
세상에는 여호와의 인자하심이 충만하도다.
시편 33:5

1,300m 피레네 산맥을 넘으면서 창조주 하나님의 기막힌 솜씨를 카메라에 담아 보려 했지만 본래의 모습이 잘 담아지지 않는다. '하나님이 지으신 세계를 내 의도대로 담으려고 했던 그 자체가 교만인가?', '괜히 카메라를 구입했나?'라는 생각이 마음 한 모퉁이에 슬며시 자리를 잡는다. 여러 사념이 올라왔지만 지금은 눈앞에 보이는 카미노에 집중하기로 했다.

산맥을 감싸고 있는 짙은 비구름과 기막힌 조화를 이루고 있는 피레네 산맥의 아름다운 풍광은 신비로운 느낌을 준다. 마음에 탄성을 지르게 한다. 또한 비구름이 걷히면서 살포시 드러나는 깨끗한 풍광과 맑은 공기는 폐부 깊숙한 곳까지 깨끗하게 정화시켜 주는 것 같다.

이러한 피레네 산맥의 아름다움에 빠져 여러 가지 사념을 내려놓고 현재에 집중하니 다시 영혼과 마음에 기쁨이 스미기 시작한다. 그러면서 이렇게 아름다운 작품을 만들어 내시는 창조주 하나님, 그분을 직접 뵙게 되는 자리에 서게 될 때, 나는 어떻게 반응을 하게 될까?

지금도 그분의 손길을 보면서 탄성을 지르는데…. 피레네 산맥의 경이로움 앞에서 탄복할 수밖에 없는데…. 그분의 솜씨 앞에 모든 시간이 멈춘 것만 같은데….

피레네 산맥은 신비로운 가운데 뚜렷하고 선명하면서도 자비가 넘치는 하나님의 성품을 보여 주는 것 같다.

하나님의 성품을 그대로 반영하고 있는 것 같은 피레네 산맥을 넘으면서 하나님께 대하여 새로운 인식을 하는 계기가 되었다. 나의 하나님은 분명히 우주 중심부에 서 계심에도 고압적인 자세로 일관하시거나, 나를 거칠게 몰아가시는 분이 아니라 온화하신 사랑으로 포기하시지 않으시고 끝까지 이끌어 가시는 분이심을 깨닫는다.

하나님은 경계가 분명한 정의로우신 분이시만, 정의가 곧 하나님이라고 할 수는 없다. 만약 정의가 하나님이시라면 나를 비롯하여 세상의 어떠한 피조물도 존재할 수 없었

을 것이다. 하나님의 온화하신 사랑과 정의가 기막힌 조화
와 균형을 이루시면서 이 우주공간을 채우시고 있으시다
는 증거를 피레네 산맥이 보여 준다. 그러므로 피레네 산맥
은 하나님의 온화하신 사랑과 정의로우심을 꾸밈없이 그
대로 드러내고 있는 반영체와 같다고 할 수 있다.

**주님! 주님의 정의로우시고 온화하신 성품
안에서 피레네 산맥을 넘었습니다.**

부엔 카미노!

힐링 Healing: 몸이나 마음의 치유

내 이름을 경외하는 너희에게는
공의로운 해가 떠올라서
치료하는 광선을 비추리니
너희가 나가서 외양간에서 나온
송아지 같이 뛰리라.
말라기 4:2

요즈음 쉽고 짧은 격언을 만들어 인기를 끌고 있는 혜민 스님은 비교종교학을 전공한 분으로 그는 인간 스스로 치료할 수 있다고 설파하고 있다.

"모든 문제 앞에서 자신을 비우라. 내려놓으라. 또 비우라. 또 내려놓으라. 계속 비우고 계속 내려놓으면 결국에는 모든 문제를 해결할 수 있는 마음의 상태가 된다. 그것이 마음의 평안이고 힐링이다."

모든 문제와 병의 원인이 외적으로는 복잡하고 다양하지만, 내적으로는 깊이 있게 들어가면 하나의 원인이 있다. 복음은 그것을 인간이 하나님을 떠났기 때문이라고 한다. 그러므로 인간이 문제와 병의 진정한 치유를 위해서는 자신의 병든 마음과 영혼을 하나님께 보이고 근원적인 치료를 받아야 한다.

그런데 나는 오랜 기간 동안 병의 외적 증상에만 몰두하여 병에서 빠져나오기 위해서 기도와 약, 건강식품에만 집중했었다. 그 병의 증상만을 경감시키려고 노력했지 정

작 그 병을 통해 내 곁에 가장 가까이 오셔서 깊이 있는 만남을 원하시는 하나님을 받아들이지 못했었다. 그로 인하여 외면적으로는 이렇게 카미노에 들어설 수 있을 정도로 건강한 모습을 띠고 있다. 하지만 내면은 자라지 못한 미성숙한 상태의 볼품없는 외로운 자아가 있다.

자아가 미성숙한 상태로 그대로 남아 있다는 것은 하나님의 형상을 닮지 못했다는 것이 되고, 더 나아가 하나님을 잃어버렸다는 뜻이 된다.

그러나 지금 카미노에서 병들어 있는 자아가 치유를 받으려고 한다. 아름다운 자연이 주는 풍광과 1,800여 개의 역사를 간직한 십자가와 성당 그리고 스페인의 오래된 건축물과 마을마다 선물로 주고 있는 친절함과 따뜻함 가운데서 말이다.

병들어 미성숙한 상태로 남아 있는 자아를 하나님께 보여 드리며 대화하고, 어두운 면을 띠고 볼품없이 소외된 채로 남아 있는 자신과 대화를 한다. 열방에서 온 순례자들과도, 자연과도 대화하면서 자아가 점차 하나님의 형상을 회복하고 잃어버렸던 하나님을 다시 발견하는 의미 있는 카미노가 되고 싶다.

부엔 카미노!

카미노 표지판과 노란색 화살표
하나님은 나의 목자

이는 보좌 가운데에 계신 어린 양이
그들의 목자가 되사 생명수 샘으로 인도하시고
하나님께서 그들의 눈에서
모든 눈물을 씻어 주실 것임이라.

요한계시록 7:17

카미노 길에서는 노란색 화살표나 카미노 표지판을 잘 보고 걸어야 길을 잃지 않는다. 갈림길에는 노란색 화살표나 카미노 표지판이 있어서 순례자들이 가는 길을 돕는다.

그러나 걸을 때 집중하지 않는다면 엉뚱한 길에 들어서게 되어 카미노 길을 잃어버리기가 십상이다. 왜냐하면 노란색 화살표의 모양이나 규격이 일정치 않기 때문이다. 어떤 표지판은 사람 눈높이에 세워져 있어 볼 수 있지만 어떤 표지판은 30cm 높이의 돌에 표시를 해서 놓치기 십상이고, 어떤 것은 도로 바닥이나 보도블록 모퉁이에 노란색 화살표를 해 놓아서 순례자들이 잘못된 길에 들어서기도 한다.

길을 잃어버렸을 때는 당황하지 말고 마지막으로 봤던 표지판까지 되돌아와서 다시 시작해야 한다. 카미노 길에서 제일 반갑고 고마운 것은 노란색 화살표와 카미노의 표지판이다. 난생 처음 세상에서 혼자 떨어진 느낌으로 지구 반대편의 길을 홀로 걸을 때 두려운 마음이 깃들 때도 있다. 그리고 앞뒤로 걷는 순례자들 없이 광활한 지역을 홀로

걸어가면서 다음 표시판이나 노란색 화살표가 20분 이상 보이지 않으면

내가 지금 걷고 있는 길이 올바른 길인가?

하는 염려에 사로잡히게 되어 마음에 평안을 빼앗기게 된다. 그러다가 표지판이나 계속 진행하라는 노란색 화살표를 발견하게 되면 정말 반갑고 고맙기도 하다.

카미노 길에서 노란색 화살표와 표지판은 순례자 마음의 안정과 목적지에 갈 수 있다는 희망을 준다. 그처럼 우리 인생의 여정에서 하나님은 목자가 되셔서 염려로 어두운 마음과 피곤함으로 지쳐 있는 마음을 밝혀 주시고 새 생명으로 영혼에 새 힘을 주신다.

그때 집요할 정도로 나를 괴롭히고 힘들게 했던 근심, 염려, 불안 등이 말끔히 씻겨 나가면서 새로운 희망을 갖기도 한다. 그럴 때 나는 어김없이 "여호와는 나의 목자가 되시니 내가 부족함이 없습니다."라고 고백하게 된다.

카미노 길에서 제일 위험한 것이 노란색 화살표나 표지판을 놓치는 것처럼, 인생의 여정에서 제일 위험한 것은 목자의 인도함을 잃어버리는 것이다. 목자가 되시는 하나님을 잃어버리면 염려와 불안을 잠시 잊게 하는 일시적인 것과 거짓된 동경을 쫓아가는 삶으로 향하게 될 것이다. 그래서 결국은 공허와 허무의 열매를 거두게 될 것이다.

하나님을 나의 목자로 여긴다는 것은 하나님을 믿고, 끝까지 신뢰하면서 그분의 인도함을 놓치지 않는 삶이다.

목자의 인도함을 받아가는 삶에는 영혼의 소생함과 새 생명이 수여됨으로

"여호와는 나의 목자가 되시니 내가 부족함이 없습니다."

라고 의도적으로 자기의식을 작동시키지 않아도 아주 자연스럽게 고백하게 된다.

부엔 카미노!

빵

사람은 무엇으로 사는가?

사람의 마음을 기쁘게 하는 포도주와
사람의 얼굴을 윤택하게 하는 기름과
사람의 마음을 힘있게 하는 양식을 주셨도다.

시편 104:15

한국에서 나의 아침식사는 생식 40g 한 포와 과일이다. 이렇게 식사한 지가 20년이나 되었다. 내가 생식과 과일로만 아침식사를 하는 이유는 건강을 회복시키기 위해서다. 나는 배낭을 꾸리고 떠나는 날 아침까지 '생식 40일분을 가지고 갈 것인가?'를 고민했다. 그러나 부피와 무게가 부담이 되어 결국은 내려놓고 카미노 현지의 아침식사에 맞추기로 결정했다. 지금 카미노의 아침식사는 마을의 바에 들어가 커피와 빵을 사 먹는 것으로 하고 있다.

스페인의 빵은 참 맛있다. 현지인에게 통역을 통해 물어보니 자신들이 경작해서 얻어지는 밀에는 좋은 영양소

가 많이 포함되어 있다고 자랑한다. 그러면서 쌀은 영양소가 떨어지는 품종으로 가난한 사람들이 먹는 주식이라고 말하는데, 그냥 웃음으로 받아 주었다. 카미노 길에서 보이는 땅은 버려지거나 쓸모가 없는 땅이 하나도 없을 정도로 비옥하다. 지금까지 카미노 길의 평균 해발은 500m정도가 되는데도 거의 완만한 평지라서 밀을 포함한 모든 작물이 경작되고 있다. 오늘은 해발 900m의 길을 걸었다. 7km의 사면이 완벽한 평지였고, 거기에는 밀이 경작되고 있었다. 과연 유럽의 곡창지대라고 불릴만 했다. 스페인의 땅은 그 자체만으로도 큰 복을 받은 나라이다. 그러나 그렇게 좋은

땅에서 나는 좋은 밀로 맛있는 빵을 만들어 공급하고 있지만 오히려 스페인의 종교^{가톨릭}는 쇠퇴의 길을 걷고 있다. 도시와 마을마다 상당한 규모의 성당들이 있어도 그곳의 신자들은 극소수의 노인들뿐이고 무너져 가는 성당이 대부분이다. 이들은 아마 "사람이 빵으로만 살 수 있다."고 가르쳤나 보다.

　　지금 유럽의 기독교도 점점 쇠퇴해 가고 있고 그 자리를 이방 종교가 점점 들어서고 있다고 한다. 빵은 풍성해졌지만 인간의 내면은 점점 황폐화되어 가고 있다는 표증들이 유럽 사회의 갈등과 불화의 어두운 면을 통해 나타나고 있다. 이것은 인간은 단순히 빵으로만은 살 수 없다는 증거가 되고 있다. 인간은 단순히 육적인 존재가 아니다.

세상은 인간이 빵만으로도 살 수 있다고 한다. 그러나 빵만으로도 살 수 있다고 하는 것은 인간을 단순히 육적인 존재로만 간주하는 것이 된다.

인간은 하나님의 형상을 회복해야 하는 존재이다. 인간이 죄의 유혹을 이기며, 그리스도 예수의 품격을 형성하면서 다른 사람을 존중하는 가운데, 평화를 창출해 가는 힘과 능력은 빵만으로는 할 수 없는 일이다. 오직 하나님의 입에서 나오는 말씀으로만 가능하다.

스페인 가운데 하나님의 말씀으로만 살아가는 사람들이 많아지고, 십자가의 삶을 구현하는 사람들이 많아져서 예수 그리스도의 교회가 세워지기를 그러므로 하나님께서 주신 비옥한 땅의 본래의 가치와 의미를 회복해 가기를 기도한다.

부엔 카미노!

사랑의 관계 속에서

사람이 무엇이기에 주께서 그를 생각하시며
인자가 무엇이기에 주께서 그를 돌보시나이까
그를 하나님보다 조금 못하게 하시고
영화와 존귀로 관을 씌우셨나이다.

시편 8:4-5

순례자들로 하여금 808km를 30일에서 40일
동안 걸어가게끔 하는 근원적인 힘은 어디
에서 나오는 것일까? 그 해답을 사랑의 관계
속에서 걷고 있는 형제자매들과 부부를 통해
서 발견하게 된다.

오늘 만난 형제들은 특별한 우정을 나누는 이들이었다. 등에는 큰 배낭을, 가슴에는 작은 배낭을 메고 걷는 한 사람이 있어서 아버지의 배낭이냐고 물으니 친구의 배낭이라고 한다. 나이 차이가 제법 나는 데 친구라고 한다. 나이가 들어 보이는 형제는 50대 초반이다. 5년 전 산티아고 데 콤포스텔라에서 처음 만났던 이 두 형제는 5년 후에 함께 걷자고 약속했고, 오늘 함께 걷고 있다며 행복해 한다. 나이 차이가 제법 있고 걸음 속도가 전혀 다른 두 형제이지만 정말로 카미노를 즐기고 있는 멋진 우정이다. 이들은 사랑의 관계 속에서 산티아고 데 콤보스텔라에 도착하게 될 것이다.

또 한 팀은 부부로서 아내는 큰 장애가 있어 전동 휠체어를 이용해서 가지만 남편이 아내를 극진히 아끼고 돌보고, 아내는 그러한 남편을 존중하며 함께하고 있다. 이들도 분명히 산티아고 데 콤보스텔라에 도착하게 될 것이다.

또 장애인들의 발이 되어 손수레를 이끌고 가는 형제자매들이 있는데 이들은 속도는 느리지만 노래와 웃음으로 서로의 힘이 되어 주고 있다. 하나님의 사랑은 이처럼 구체적인 관계를 형성하게 만든다. 그리고 이 관계를 누구라도 쉽게 끊어 놓지 못하게 만든다.

나도 이 세상에서 영적인 순례의 길을 걷는 순례자이다.

이 영적인 순례는 이 세상에서 나의 생명이 다하는 날까지 계속될 것이다. 그러나 나 혼자만이 걷는 외로운 여정이 아닌 하나님과의 사랑의 관계가 있다. 영적 순례의 성공과 실패는 이 사랑의 교제와 사귐이 바르게 되느냐, 그렇지

않느냐에 있다고 본다. 나의 인생 여정이 하나님과 함께하는 여정이라도 그분의 사랑을 받아들이지 못하고, 그분의 말씀은 깨닫지 못하고, 그분의 뜻을 수용하지 못한다면, 하나님은 나와 함께 동행하고 계시지만 마치 계시지 않는 것처럼 아무런 도움을 받을 수가 없다. 그렇게 되면 나의 영적 순례는 목적지까지 도달할 수 없을 것이다. 그것은 하나님의 사랑이 부족하거나 불완전해서가 아니라 나의 마음이 매우 편협하고 좁아서이다.

하나님과의 동행은 이미 실현되고 있다. 우리는 그 사랑을 받아들이기만 하면 된다. 그리고 하나님에 의해서 시작된 그 사랑의 관계는 어떤 피조물도 끊지 못한다. 그러므로 그 사랑의 관계 속에서 걸으려면 지속적인 순종이 필요하고 꾸준함으로 침묵, 기도, 성경 읽기 등의 훈련을 쌓아가야 할 것이다. 그렇게 할 때 비로소 이 사랑의 관계 속에서 영적 순례의 여정을 마치게 될 것이다.

부엔 카미노!

십자가의 짐

주께서 생명의 길을 내게 보이시리니
주의 앞에는 충만한 기쁨이 있고
주의 오른쪽에는 영원한 즐거움이 있나이다.
시편 16:11

800 mts.
SAN BOL
Albergue / Refuge
Abierto / Open all day
Desayunos / Breakfast
Bocadillos / Snacks
Platos combinados / Platters
Cena comunitaria / Community dinner
Fuente / Fontaine

산 살바도르 데 이비네타 소성당 옆, 조그마한 언덕에
는 순례자들이 산티아고를 향해 기도하며 놓고 간 십자가
들이 천 개나 있고, 각 마을마다 셀 수 없을 정도의 십자가
들이 세워져 있다.

그들은 십자가를 세우면서

어떤 기도를 했을까?

아마도 자신에게 주어진 십자가를 포기하지 않고 끝까지 지고 갈 수 있도록 믿음과 용기를 간청했을 것이다. 우리는 대부분 "나에게 십자가의 짐이 있다."라고 말할 때 질병, 경제적 어려움, 자녀 문제, 인간과의 갈등, 불화, 불행, 사회적 재난 등을 자기 십자가로 여긴다. 그러나 엄밀히 따져 보면 이러한 것은 자기 십자가의 짐이 아니다.

성경이 말씀하는 '자기의 십자가를 진다는 것'은 하나님의 나라를 위해 결단하고, 하나님의 이름을 위해 살아가

려고 할 때 거기에는 필연적으로 자신이 져야 할 십자가가 분명히 있다는 것이다. 이러한 십자가를 지고 가는 것이 자기 십자가인 것이다. 이렇게 자기 십자가를 지고 가는 사람은 자기자신이 하나님의 나라와 하나님의 이름을 위해 부름을 받았다는 증표가 되는 것이다. 그리고 그러한 십자가의 삶에는 하늘의 보상이 주어지는데, 십자가를 지고 가는 과정에서 하나님의 도우심과 인도하심을 받게 된다. 그리고 하늘의 기쁨이 주어지면서 하늘로부터 오는 영적 생명을 공급받아 살아가게 해 준다.

그러한 삶에 아주 자연스럽게 드러나는 것들이 있는데, 그것은 내가 다른 사람보다 더 알려지고 성공해야 된다는 강박관념과 세속적 가치인 자기 자랑과 자기과시, 다른 사람의 시선을 의식하며 다른 사람의 호평, 다른 사람의 가치와 기준대로 살아왔던 삶의 태도에서 점차 벗어나게 된다.

인간의 참된 자기실현은 자기
십자가의 짐을 달게 지고 가는
법을 배우고 훈련해 가면서 그
십자가의 짐을 내려놓지 않고
끝까지 지고 가는 데 있다.

주님은 십자가의 짐을 포기치 않으시고 끝까지 걸으셨다. 그리고 인간의 궁극적 한계인 골고다 언덕에서 아름답게 변형을 이루셨다. 참 하나님의 아들이 되심을 자기 십자가의 짐을 통해 보이신 것이다. 그러므로 크리스천의 정체성은 자기 십자가를 슬그머니 내려놓는 데 있는 것이 아니라 자기 십자가를 포기치 않고 끝까지 지고 가는 데 있다.

"주님! 제가 오고 있는 하나님의 나라를 위해 살려고 마음을 정했을 때, 제 앞에는 분명히 져야 할 십자가가 있습니다. 이 십자가를 기쁘게 지고 가는 법을 배우며 포기하지 않고 끝까지 지고 가기를 기도합니다."

부엔 카미노!

카미노보다 더 좋은 길

여호와께서 좋은 것을 주시리니
우리 땅이 그 산물을 내리로다.
시편 85:12

한국에서 온 형제자매들 중에 3명이 카미노를 포기했다. 카미노를 걷는 대신 스페인의 도시와 문화 관광을 하겠단다. 포기를 하게 된 원인은 발의 물집, 발목, 무릎의 부상과 의미상실이다. 흥분과 기대감으로 카미노 순례를 시작했지만 동기부여가 내적에 기인한 것이 아니라 문화적 코드에 의한 것이었기에 반복되는 카미노의 일상에서 회의

가 찾아오자 극복을 하지 못한 것 같다.

　이들 뿐만 아니라 많은 사람들이 카미노에 온 목적이
분명하지 않다. 그냥 걷는 사람들이 의외로 많다. 나는 카
미노를 걸으면서 인생에 있어 가장 좋은 길이 무엇인가를
생각하게 된다. 그 가장 좋은 길이란 바로 영원한 생명에
이르게 하는 길이 된다. 사람들은 삶의 여정에서 영구하지
못한 것, 사멸하여 없어질 것들을 마치 영원할 것처럼 착각
하며 그것만을 추구하며 자신의 생을 마치는 경우가 많다.
그러나 우리에게는 영원한 생명에 이르는 길이 열려 있다.

그것은 바로 자신에 삶의 자리에서
하나님의 사랑을 실현해 가는 길이다.

하나님과 사랑은 동의어가 된다. 그러므로 하나님과 사
랑을 인간의 사용하는 언어로 표현한다는 것은 한계가 있
고 참 어려운 일이다. 그러나 하나님의 사랑이 인간의 역사
가운데서 예수 그리스도의 인격으로 분명해지고 구체화되
셨다. 그러므로 인간은 예수 그리스도와의 인격적인 사귐
과 교제를 통해서 하나님의 사랑을 체험할 뿐만 아니라 하
나님께 나아갈 수 있게 되었다. 그러한 의미에서 예수 그리
스도는 인간이 하나님께 나아갈 수 있는 길이 되고, 또 하
나님의 사랑을 우리가 경험할 수 있는 길이 되기도 한다.

in memorium
Rev. Philip Wren
'Methodist Pilgrim
died May 2013
on The Way'

사도 바울은 방언도, 예언도, 지식도, 신비한 능력도 하나님의 사랑을 드러내는 통로에 불과하며, 하나님께서 온전히 자신을 나타내시는 그날에는 사랑을 드러내는 데 사용되었던 모든 통로는 다 사라진다고 말했다.

오직 사랑만이 영원한 것이라 했다.

그러므로 우리에게 있는 지식, 재능, 건강. 지위, 재물 등의 소중한 것들을 가지고 하나님의 사랑을 드러내는 통로로 사용하는 길에 들어서 있다면 그 길은 카미노보다 더 좋은 영원한 생명에 이르게 하는 길이 될 것이다. 그리고 우리의 삶은 더 풍성해지고 자유로워지는 가운데 사랑의 하나님의 살아 계심을 자연스럽게 증거 할 수 있는 가장 가치 있는 길이 될 것이다.

부엔 카미노!

포도나무의 비유

나는 포도나무요 너희는 가지라

만군의 하나님이여 구하옵나니 돌아오소서
하늘에서 굽어보시고 이 포도나무를 돌보소서.
시편 80:14

새벽에 알베르게의 문이 열리자 배낭을 싸고 준비하고 있던 순례자들이 빠져 나간다. 중세의 느낌을 주는 성당과 건축물, 정원 등을 지나 라바라테로 가는 카미노의 길에 들어서니 포도원이 보이기 시작하는데 그 규모들이 상당히 크다. 몇 시간을 계속해서 걸어도 포도원만 끝없이 펼쳐져 있어 순례자들이 다른 경관을 보았으면 좋겠다고 한다. 하지만 나에겐 "나는 포도나무요 너희는 가지라."고 포도원이 계속해서 말하는 것 같다.

발걸음을 잠시 멈추고 포도원 밭에 심겨져 있는 포도나
무를 자세히 관찰해 보니 많이 뒤틀리고 심한 변형이 있어
모양새가 좋지 않지만 마치 '상처 입은 치유자'가 되시는
예수님을 표상해 주는 것 같다. 포도나무 가지에 달려 있는
잎과 열매는 어찌 그리 연하고 부드럽게 보이는지, 포도나
무 자체에 달려 있는 잎과 열매와는 상반된 모습이다. 그래
도 가지는 저절로 생겨난 것이 아니라 나무에 의해서 생겨

난 것이다. 포도나무가 없다면 가지는 존재할 수 없는 것이다. 그러므로 예수님은 인간 존재의 기초가 되신다.

가지의 생명은 나무에게 있는 것이지, 가지 그 자체에 생명이 있는 것이 아니다. 가지는 포도나무에 속해 있어 순간순간 일정한 영양분을 공급받아야 한다. 그러므로 예수님은 인간 생명의 근원이 되신다.

가지가 존재하는 것은 가지 자신의 열매를 맺기 위함이 아니라 포도나무의 열매를 위함이다. 그러므로 예수님은 인간 존재의 목적이 되신다.

예수님은 우리 인간 존재의 기초가 되시며, 생명의 근원이 되시며, 존재의 목적이 되신다. 그러므로 이제 우리는 나의 열매가 아니라 예수님의 열매를 맺기 위해 존재해야 하는 존귀한 자가 되어야 한다.

이전까지는 내가 의도적으로 꾸며서 열매를 만들려고 했다면 이제는 예수님과의 인격적인 교제와 사귐, 생명적인 결합 속에서 생명을 자연스럽게 공급을 받아야 한다. 그래서 생기, 기쁨, 평화, 창조, 사랑의 삶으로 열매를 맺어야 한다. 포도원의 포도나무는 계속해서 나에게 "너는 가지라." "너는 가지라."고 계속 말해 주면서 "포도나무에 붙어 있어야 열매를 많이 맺을 수 있다."고 외치는 것 같다. 좋은 나무에는 좋은 열매가 맺히고 나쁜 열매가 없는 것처럼, 예수님과 생명적인 결합 속에 언제나 좋은 열매가 있다는 것을 포도원의 포도나무는 보여 주고 있다.

부엔 카미노!

스페인의 종교심

주께서 택하시고 가까이 오게 하사
주의 뜰에 살게 하신 사람은 복이 있나이다
우리가 주의 집 곧 주의 성전의 아름다움으로 만족하리이다.

시편 65:4

알카사르에서

스페인의 종교심과 정신문화와 삶의 기초는 눈에 보이는 성인과 성당을 기반으로 하고 있다. 도시는 물론 아무리 작은 마을일지라도 언제나 큰 규모의 성당이 자리하고 있으며, 성당을 중심으로 관공서와 편의시설, 주택이 형성되어 있는 구조이다. 작은 마을에 비해 큰 규모를 갖고 있는 성당의 외관은 마치 우리의 대형교회 건축물을 연상케 한다. 그러나 성당 내부에 들어가 보면 두 가지로 인해 놀라게 된다. 성당 외부는 상당히 크고 웅장해 보이지만 그 내부는 외부의 웅장함에 비해 왜소해 보인다. 신자들이 앉아 미사를 할 자리에 수많은 성인들의 목상들과 마리아 상이 대신하여 공간을 채우고 있는 구조이다.

또 한 가지는 많은 성당에서 미사가 진행되지 않는다는 것이고, 미사가 진행되어 예전 중심의 종교 행위가 이루진다 해도 거의 대부분의 신자들은 예전 절차에 따라 반응하는 정도이지 영혼의 깊은 감동과 그에 따른 반응으로 기쁨, 감사, 희망 등을 발견할 수가 없다.

나는 스페인의 종교심이 급격히 쇠락하고 있는 근본 원인이 바로 본질을 추구하지 않기 때문이라고 본다. 그들은 본질인 예수 그리스도 외에 수많은 성인에게 많은 관심과 사랑, 신뢰를 두는 성인 숭배 사상이 있다. 그들이 숭배하는 성인들이 특별한 체험과 신비한 능력을 가지고 있었더라도 그들은 분명한 인간이었다. 물론 성인들이 경험한 숭고한 신비와 능력은 그 자체로서 가치와 아름다움이 있지만 영원할 수는 없다.

그리고 그러한 것들이 하나님을 대신할 수도 없다. 인간의 마음은 어느 누구도 편협하고 좁아서, 하나님을 다 알 수도 없고 담을 수도 없다. 그러므로 성인들이 하나님을 경험했다고 해서 성인의 경험을 절대시 하거나 신성시 할 수는 없는 것이다.

스페인의 신자들은 성인들이 경험한 하나님의 속성을 절대적인 것으로 간주할 뿐만 아니라 성인들의 체험 위에 신앙의 실존을 세우고 성경 해석까지 묶어 놓고 있다. 하나님의 말씀은 이 세상에서 예수 그리스도를 통해서 인격화 되셨고 하나님의 표상이 예수 그리스도를 통해서 분명하게 드러났기에, 이제는 하나님의 말씀과 하나님의 표상이 더욱 분명해졌다.

스페인의 성당과 종교심을 보면서 우리에게 오직 하나님의 말씀과 예수 그리스도를 통해서만 하나님께 나아갈 수 있는 선명한 길을 제시하여 주신 종교개혁의 루터, 칼빈 목사님께 감사하지 않을 수 없었다.

부엔 카미노!

동행자

진실로 생명의 원천이 주께 있사오니
주의 빛 안에서 우리가 빛을 보리이다.
시편 36:9

　　카미노에서는 목적지가 같기에
여러 나라에서 온 순례자들과 자연
스럽게 대화를 하며 함께 걷게 된다.
상대의 국적과 이름, 출발한 일시와
지역, 카미노를 시작하게 된 동기 등
을 물어가면서 동행자가 된다.

한두 시간 대화를 나누며 함께 걸어 보지만 서로의 걷는 속도가 다르기에

"부엔 카미노"

하고 인사를 한 후에 헤어진다. 그러다가도 하루 만에 순례자 숙소인 알베르게에서 다시 만나기도 한다. 그때는 반가워서 하루의 수고에 대한 격려와 위로를 해 주면서 저녁식사를 같이 하기도 한다. 짧은 시간이었지만 함께 걸었던 순례자들과 담소를 나누고 한 방에서 하루의 밤을 지낸 다음

이른 아침이 되면 서로에게 축복과 작별 인사를 하면서 제
각기 출발한다. 왜냐하면 걷는 속도가 달라 끝까지 동행할
수 없다는 것을 잘 알기 때문이다.

카미노에서 목적지에 도달할 수 있도록 서로 힘이 되어
주는 동행자를 만난다는 것은 쉽지 않은 일이다. 왜냐하면
함께 동행하여 주기 위해서는 누군가 한 사람은 반드시 자
기희생을 해야 하기 때문이다.

마찬가지로 천국으로 향하는 여정에 들어서 있는 나와

끝까지 동행해 줄 수 있는 사람은 아무도 없다. 물론 사랑하는 가족들과 동행하고 있기에 세상에서의 충격을 견디어 낼 수 있으며, 그 자리에서 용기를 가지고 다시 딛고 일어설 수 있기도 한다. 그리고 믿음의 형제자매들로부터 받는 위로와 도움으로 그 어려움에서 빠져나오기도 한다. 하지만 이 모든 일들의 근원지는 바로 하나님이 되신다. 오직 하나님만이 생명과 죽음이 공존하는 이 세상에서 내가 죽음의 골짜기를 건너 갈 때까지 유일하게 동행하여 주시는 분이시다.

그 어떠한 누구도 인생의 여정에 궁극적으로 동행해 줄 수 없다. 그러나 인생의 여정에서 걸음걸이를 재촉하지 않고 기다려 주시고, 포기치 않으시고, 받아 주시면서 동행해 주시는 분이 계시다. 그분은 율법적으로 충고하지 않고 현재의 나의 모습을 그대로 받아 주시는 동행자이시다. 상처를 어루만져 주시면서 연약함을 끝까지 품어 주시는 따뜻한 품을 가지신 동행자이시다. 내면의 비밀스러운 이야기를 진솔하게 끝까지 들어주시고 공감해 주시는 동행자이

시다. 낮은 자존감과 존재의 결핍에 시달려 지쳐 있는 영혼과 몸에 새 생명으로 일으켜 세우시고, 그 자리에서 다시 새 출발을 할 수 있도록 힘주시는 동행자이시다.

그 동행자! 그분은 바로 "나의 주님, 나의 하나님이시다."

부엔 카미노!

관리자의 온화한 미소
하나님의 율법

여호와의 율법은 완전하여 영혼을 소성시키며
여호와의 증거는 확실하여 우둔한 자를 지혜롭게 하며
여호와의 교훈은 정직하여 마음을 기쁘게 하고
여호와의 계명은 순결하여 눈을 밝게 하시도다.
시편 19:7-8

알베르게에 도착하게 되면 제일 먼저 여권을 제시하고 간단한 신상명세서를 기록하게 된다. 나헤라의 공립 알베르게는 침대 4개가 한 조를 이루어 설치되어 있는데 침대와 침대 사이의 간격도 없이 붙어 있다. 침대 배정도 남녀 구분없이 도착하는 순서로 한다. 샤워 부스나 화장실 등 모든 시설물이 남녀 구분이 없다.

그런데 알베르게를 이용하려면 누구나 예외 없이 여러 규칙들을 준수해야 한다. 누군가 그 규칙에 벗어나는 행동을 하게 되면 순례자와 같은 침대를 사용하며 관리하는 두 분이 온화한 미소를 지으면서 질서를 유지하게 한다. 알베르게의 시설물을 잘 활용할 수 있도록 자상하게 설명해 주기도 하고, 취침 시간을 넘어 이야기를 하게 되면 그것을 마칠 때까지 서 있는다.

인터넷 카페에 올릴 내용을 기록하기 위해 화장실에 가니 화장실까지 따라와서 밖에서 기다리겠단다. 그들이 그렇게 수고를 하는 것은 순례자들의 내일의 여정을 위함이라는 것을 나는 잘 안다. 참 고마우신 분들이다. 나는 그렇

게 수고하시는 그분들을 참으로 존경한다.

하나님의 율법도 마찬가지이다. 율법은 하나님으로부터 온 것이기에 참 좋은 것이다. 인간에게 삶의 한계선을 분명히 정하여서 인간을 죄로부터 보호하기 위함이다.

율법에는 인간이 지켜야 할 삶의 질서가 있으며, 분명한 방향 제시가 있고 세워 가야 할 목적이 있다. 그 목적은 사랑으로 삶을 경영하는 가운데 하나님의 영광을 나타내기 위함이다.

그런데 안타깝게도 구약의 백성은 율법을 하나님보다 더 신뢰하고 절대시 했다. 율법을 주신 분보다 율법을 더 영원한 것으로 소중히 여겨 율법 그 자체에 집착했다. 그러다 보니 율법이 다른 사람을 정죄하는 잣대가 되어 다른 사람들이 하나님께로 돌아오는 것을 방해하고 그 자신들도 내적으로는 참 자유롭지 못한 삶을 살았다. 그리고 하나

님의 영광으로부터 점점 멀어지게 되었다. 그 결과 율법의 본래의 목적인 하나님의 사랑과 영광대신 정죄의 하나님, 벌을 주는 하나님으로만 보이게 되었다.

율법의 이면에는 죄로 인하여 훼손된 인간의 삶과 무너져 내린 인간을 절대 포기하지 않고 기다리고 계시는 하나님의 각별한 사랑이 내포되어 있다. 그리고 하나님께서 율법을 주신 것은 그 율법을 주신 분에게로 돌아오게 함이었다. 율법은 인간으로 하여금 하나님의 사랑으로 삶을 경영하는 가운데 그 사랑 안에서 교제하기를 원하시는 하나님의 온화하신 미소이다.

부엔 카미노!

점프, 점프!
과정에 충실한 삶

그는 우리 영혼을 살려 두시고
우리의 실족함을 허락하지 아니하시는 주시로다.
시편 66:9

순례자들이 산티아고 가는 길을 선택할 때 프랑스 길을 제일 많이 선호한다고 한다. 6월 4일, 내가 프랑스 생장에서 출발할 때 그날 대략 200명이 넘는 순례자들도 함께 출발한다는 소식을 들었다. 처음 피레네 산맥을 넘을 때는 열방의 많은 순례자들과 즐겁게 인사를 나누었는데 지금은 인사를 나눈 그때의 순례자들이 대부분 보이지 않는다. 한국에서 온 2명의 젊은 형제자매도 발목과 무릎 부상으로 카미노를 포기했다는 소식을 들었다. 그만큼 쉽지는 않은 것 같다.

그런데 쉽지 않은 카미노를 쉽게 하는 방법이 있다. 그것은 '점프, 점프'라는 방법을 사용하는 것이다. 힘이 들거나 어려운 구간 경사가 심한 지역이나 풍광이 떨어지는 지역이 있으면 한 구간, 두 구간을 택시나 버스, 기차로 건너뛰어 가는 것이다. 즉 쉽게 가는 방법은 구간, 구간에 있는 종교, 역사, 건축, 풍광 등 마음에 스며들게 하는 그 모든 것을 무시하고 '산티아고 데 꼼보

스텔라'에 도착하는 것이다. 그 후에는 하나의 수식어가 훈
장처럼 주어지게 될 것이다.

나도 산티아고의 길을 걸었습니다.

그러나 하나님의 인도하심은 그 목적지만이 아닌 모든
과정에 있다고 본다. 우리 인생에는 건너야 할 강이 있고,
통과해야 할 골짜기가 있으며, 넘어야 할 산이 있는데, 이
모든 것을 다 무시하고 결과만을 빨리 얻으려고 한다면 그
것은 오히려 자신을 망치게 하는 결과가 될 수도 있다. 또
한 세상은 과정보다 결과만을 요구한다.

세상의 가치와 기업은 생산성을 높이기 위해서 능력만
을 중요시 여긴다. 하지만 하나님은 생산성의 능력보다 모
든 과정의 신실성을 요구하신다. 하나님의 사람들에게는
결과보다는 과정의 신실성이 요구된다. 즉 마음에 올바른
정서를 가지고 있어야 한다.

성경에서 하나님의 부르심을 받은 인물들의 공통점은 그 모든 과정을 걷게 하셨다는 것이다.

창세기에서 요셉은 자기 삶의 모든 과정을 선용해 가시는 하나님이심을 알고, 그것을 받아들이고 한 과정, 한 과정에서 신실하게 반응함으로 다른 사람들에게 생명을 줄 수 있는 지도자가 되었다. 그리고 가뭄의 이스라엘에게 구원을 주는 지도자로 쓰임 받았다.

예수님은 하나님의 본체이심에도 시공간의 제한 속에서 인간의 연약한 과정 아픔, 슬픔, 고통, 죽음에 대한 두려움 을 다 경험하셨다. 그래서 예수님은 우리를 도우실 수 있고 참 생명을 주실 수 있는 분이 되셨다.

모든 생명의 완성은 그 모든 과정을 필요로 한다. 하나님의 부르심에는 생명을 완성하시는 부르심으로서 인간이 이해할 수 없는 깊이 숨겨진 계획이다. 그러므로 지금 현재라는 과정에 마음과 뜻과 정성과 힘을 다하는 습관으로 훈련해 갈 때만이 참 생명의 완성으로 나아가게 될 것이다.

부엔 카미노!

내려놓음

여호와 하나님은 해요 방패이시라
여호와께서 은혜와 영화를 주시며 정직하게 행하는 자에게
좋은 것을 아끼지 아니하실 것임이니이다.
시편 84:1

산티아고 가는 길에는 한국에서 오신 형제자매들이 제법 많다. 지금까지 열두 명 정도를 만나게 되어 카미노의 우정을 함께 나누었는데, 내가 수시로 사진을 찍고, 메모를 하니 모두가 직업에 대해 물어본다. 그럴 때마다 나는 이렇게 대답해 주었다.

"산티아고에 도착하면 알려 드리겠습니다."

그 후로부터 한국에서 오신 분들은 나를 선생님이라고 부른다. 내가 목사의 신분을 드러내지 않은 것은 카미노에서 만나는 한국인 중에서 2명의 남매만 제외하고 전부 기독교인이 아니기에 전도하기 위함이다. 그래서 이들을 섬길 기회가 주어지면 숙소에서 만나거나 며칠 만에 카미노 길에서 만날 때 고단해도, 손해가 있어도 섬기고 있다.

그렇게 카미노를 걷던 중 나헤라에 있는 알베르게에서 어느 목사님이 나를 보자마자 "목사님 맞지요." 하면서 인사를 해 오셨다. 목사는 목사를 알아보는 직관이 있나 보다. 며칠 후 그 목사님과 저녁식사를 같이 하게 되면서 알게 된 사실이 있다. 그 목사님은 카미노에서 처음 뵈었지만 나와 같은 동네에 사신 적이 있다고 한다. 그래서 우리 교회와 아내의 좋은 면 그리고 나의 몽골텐트의 불이 몇 시쯤에 꺼지는지도 알고 계신다고 했다. 지구 반대편의 길에서 한 동네의 목사님을 만나 며칠째 카미노를 함께 하고 있다니….

또 어릴적 동네에서 친구의 친구로서 함께 뛰놀던 친구가 목사가 되어 한 노회 안에 함께 있는데, 지구 반대편에서도 우리 교회를 잘 아는 목사님을 만나 카미노를 함께하고 있으니 나는 그야말로 하나님의 손 안에 있나 보다.

그런데 이분이 레온이라는 도시에는 한인 교회가 있으니 함께 주일 예배를 드리자고 하셨다. 그러시면서 오늘 36km를 걸었기에 내일 레온까지 40km 걷기는 어려우니

기차로 점프하자고 제안을 하신다. 나는 밴드에 올린 글도 있고 해서 점프를 할 수가 없다고 했다.

**"목사님 점프가 얼마나 큰 은혜인데요.
에녹도, 엘리야도 크게 점프했잖아요?"**

하면서 계속해서 권유하시길래

**"인류 최초의 인간인 아담과 하와가 점프를
너무 크게 했지요."**

하고 응수해 주었음에도 포기치 않으시고 함께 하자고 하신다. 그래서 주기철 목사님이 지은 찬송가를 잠깐 불러 드렸다.

아픈 다리 싸매 주고 저는 다리 고쳐 주고
보지 못한 눈을 열어 영생 길을 보여 주니
온갖 고통 다 하여도 제 십자가 바로 지고
골고다의 높은 고개 나도 가게 하옵소서.

- 찬송가 158장 4절

인류 최초의 인간의 범죄는 성적 타락이 아니라 자기가 보기에 옳다고 생각하는 것을 행하려는 자율성에 의한 자기주장이었다. 그러나 두 번째 아담으로 오신 예수 그리스도는 자기주장을 내려놓으시고 하나님께 온전히 순종하시어 온 인류의 빛과 생명이 되셨다.

부엔 카미노!

참된 만남
프랑스의 착한 농부

그가 사모하는 영혼에게 만족을 주시며
주린 영혼에게 좋은 것으로 채워주심이로다.
시편 107:9

카미노를 걸으면서 느끼는 것은 눈물이다. 중년의 나이에

부끄럽게도 눈물을 잘 훔치게 된다. 그런데 이 눈물은 자기

연민의 눈물이 아니라 감사와 긍휼의 눈물인 것 같다. 찬양

을 듣거나 기도를 하면 감사의 눈물이 흐른다.

더욱 모이기에 힘쓰고 있는 성도들을 생각하면….

댓글과 마음으로 응원해 주시는 분들을 생각하면….

노환의 질병으로 시달리고 있는 아버지를 생각하면….

그냥 눈물이 흐른다.

비가 오는 날, 세브레이로 가는 길목에 있는 바^{기부제로 운}
^{영되고 있는 곳}에 들어섰을 때 마침 영화 "미션"의 OST 가브리
엘의 오보에가 들려오는데 눈물이 억제가 되지 않아서 그
곳에서 그냥 나오기도 했다. 폴 투루니에는 하나님과의 깊
은 관계를 맺기 위해서는 고독을 즐길 줄 알아야 한다고
했다.

사람은 고독을 진하게 맛보아야 마음이 부드러워지고,

그 가운데 주님의 은혜를 담을 수 있는 그릇이 되나 보다. 그리고 주님의 마음을 헤아릴 수 있을 정도로 철이 드나 보다.

그중에서도 나로 하여금 계속 눈물을 흘리게 하는 사람이 있다. 그 사람은 당나귀와 함께 카미노를 하고 있는 프랑스의 농부이다. 그의 눈빛은 부드럽고 얼굴 표정은 어린아이처럼 순박하다. 그리고 목소리는 중저음이다. 함께 30분 동안 같이 걸었는데, 그는 영어는 전혀 못한다. 그는 프랑스어로 나는 한국어로 대화를 쉼이 없이 나누었다. 언어도 통하지 않는데 너무나 신기할 따름이다.

구체적인 내용의 소통은 이루어지지 않았지만 진정한

만남의 기쁨이 우리 가운데 분명히 있었다. 그래서 헤어지기 전에 서로 먹을 것을 상대방의 입에 넣어 주고 헤어졌다. 진정한 만남은 많은 내용의 말이 필요로 하지 않는가 보다.

만남에서 중요한 것은 말보다 진지함을 느끼게 하는 자세인 것 같다.

나에게 있어 프랑스 농부와 보낸 시간은 마음과 마음이 통하는 아주 소중한 시간이었다. 그래서 지금도 마음의 기쁨으로 남아 있고 카미노를 마치기 전에 한 번 더 그를 만나 보고 싶었다.

우리는 일상적인 삶에서 의도적이든 의도적이지 않든 많은 사람들과 다양한 만남을 갖고 많은 대화를 주고받는다. 그런데 진정한 대화보다는 거의 이해관계 내지는 피상적인 대화가 대부분이다. 그래서 많은 말을 주고받았음에도 뒤돌아서면 답답함이 남아 있기도 하고 피곤함을 느끼기도 한다. 그리고 많은 사람 가운데 속해 있으면서도 오히려 외로움을 갖는다. 그런 가운데 프랑스의 착한 농부와의 만남은 나로 하여금 마음과 마음의 만남이라는 진정한 의미와 가치를 깨닫게 해 주는 소중한 시간이었다.

하나님과 다른 사람과의 관계도 이처럼 마음과 마음을 주고받는 만남으로 이어지고 싶다.

부엔 카미노!

밀밭
겨자씨만 한 믿음

땅이 그의 소산을 내어 주었으니
하나님 곧 우리 하나님이 우리에게 복을 주시리로다
하나님이 우리에게 복을 주시리니
땅의 모든 끝이 하나님을 경외하리로다.
시편 76:4-5

6월의 스페인, 그 낮은 태양이 작렬하기에 걷기가 힘들 정도이다. 그러나 끝없이 펼쳐져 있는 밀밭은 약간의 바람에도 물결을 친다. 추수를 기다리며 이만한 결실을 맺게 해 주신 하나님을 향하여 기쁨의 춤을 춘다. 분명히 가라지는 존재하지만, 이처럼 풍성한 결실을 맺게 하신 하나님께 밀밭은 춤으로 그 기쁨과 감사를 표현하는 것 같다.

'하나님은 가라지보다 밀을 극진히 사랑하시고 아끼시는 분이다. 밀을 자라게 하시고 마침내 추수케 하시는 분이시다.'는 것을 밀은 알고 있는 것 같다. 왜냐하면 뜨겁게 내리쬐는 6월의 태양 볕을 받으면서도 여전히 춤으로 화답하고 있기 때문이다.

　내 인격 안에도 밝음과 긍정이라는 밀과 어두움과 상처라는 가라지가 공존하고 있듯이 이 세상 어디에든 밀과 가라지가 함께 자리하고 있다. 가라지는 내 인격의 한 부분이기도 하다. 하나님께서는 가라지를 제거할 때 밀이 받을 상처가 더 크다는 것을 아시기에 추수 때까지 놔두신다. 그러면서 가라지보다 밀을 더 주목하여 보시고, 밀에 관심을 두고 자라게 하여 결실을 볼 수 있도록 하늘의 거룩한 능력을 베풀어 주신다.

밀을 극진히 사랑하시며 아끼시는 가운데 자라게 하시고, 밀을 결실케 하시는 하나님께서는 파괴자인 사탄과 인간의 탐욕에 다 내어 주시지 않으셨다는 것을 밀밭의 춤으로 보여 주는 것 같다.

그리고 인간의 미래도 인간의 탐욕이나 사탄에 의해서 결정되는 것이 아니라 하나님께 있다는 것을 밀밭의 밀은 기쁨의 춤으로 드러내고 있다. 과학의 급속한 발전이 인간의 탐욕과 자연의 훼손으로 이어졌고, 이젠 미래를 예측하기 어렵다고 하지만, 밀밭에 있는 밀의 아름다운 춤을 볼 때 우리의 미래는 매우 밝다고 할 수 있다. 그렇기 때문에

하나님께 대한 우리의 믿음과 소망, 사랑을 감각적인 문화에 빼앗기지 말아야 한다. 그리고 자신의 탐욕으로 인하여 믿음과 소망, 사랑을 사탄에게 도둑맞지 말아야 한다.

물론 아스팔트 바닥과 콘크리트 건물에서 신앙을 지키고 영성을 쌓아가는 일은 상당히 어려울 것이다. 그래서 주님은 우리에게 겨자씨만 한 믿음을 요구하셨나 보다.

겨자씨만 한 믿음만 있어도 충분하다고 하시고, 겨자씨만 한 믿음으로도 밀처럼 풍성한 결실을 보장해 주신 하나님을 높이 찬양한다.

부엔 카미노!

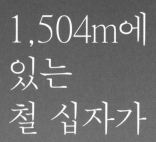

1,504m에
있는
철 십자가

하나님이여 내 속에 정한 마음을 창조하시고
내 안에 정직한 영을 새롭게 하소서.
시편 51:10

한국에 있는 명산에 오르다 보면 어김없이 정성스레 쌓아 올린 돌무더기가 있는 것을 발견하게 된다. 카미노 길에도 종종 기도의 돌무더기가 있다. 차이점이 있다면 한국의 돌무더기는 정성을 들여 일정하게 쌓은 것이라면, 카미노의 돌무더기는 일정한 모양이나 형식이 없이 던져지면서 자연스럽게 쌓아진 것같이 보인다. 오늘은 그중에서도 가장 수북하게 쌓여져 있는 돌무더기 한 가운데 서 있는 철 십자가를 만나게 되었다.

이 철 십자가는 해발 1,504m에 폰세바돈을 지나는 언덕 정상에 많은 돌무더기 가운데 서 있다. 여기에 쌓여 있는 돌무더기는 천 년이 넘은 것들이라고 한다.

지난 천 년에 걸쳐 순례자들은 돌같이 굳어져 버린 그릇된 자아를 버리고 싶은 간절함을 순례 길에서 표현하기 위해서 이 십자가 아래에 돌을 두고 갔다고 한다. 하지만 지금의 순례자들은 고향의 돌 대신 자신의 물품이나 사진, 기념물 등을 두고 간다.

나는 오래 전에 했던 방법대로 북한산의 작은 돌 하나를 가지고 와서 철 십자가 밑에 상징적 의미로 내려놓았다. 그리고 무릎 꿇고 기도했다.

주님 나의 못난 돌을 바칩니다. 모나고, 균열이 많아 거친 돌 같은 형태로 굳어져 있는 자아를 바칩니다. 거친 돌로 변한 아무런 쓸모가 없어진 자아를 바칩니다. 진실하지 못하고 거짓된 자아로 살아가는 삶은 불행합니다. 거짓된 자아로 살아가는 삶에는 열매가 없습니다. 거짓된 자아로 시간과 공간을 채워 가는 그 삶의 결과는 매우 공허하고 깊은 허무를 경험하게 될 것입니다. 주님 거짓된 자아의 삶에서 벗어나 정직한 자아를 형성해 가는 삶으로 살아갈 수 있는 용기를 제게 주옵소서!

예수 그리스도의 십자가의
능력에는 옛것과의 단절과
동시에 새로운 시작이 되는
은혜가 있음을 제가 잘 압니
다. 십자가에는 부활로 새로
운 출구가 있으니 그 십자가
의 능력으로 새롭게 하여 주
옵소서!

눈물만 흐른다. 돌무더기 위에 무릎을
꿇어서 아파 오지만 십자가의 능력을 믿으
니 내 영혼에는 기쁨이 차오른다.

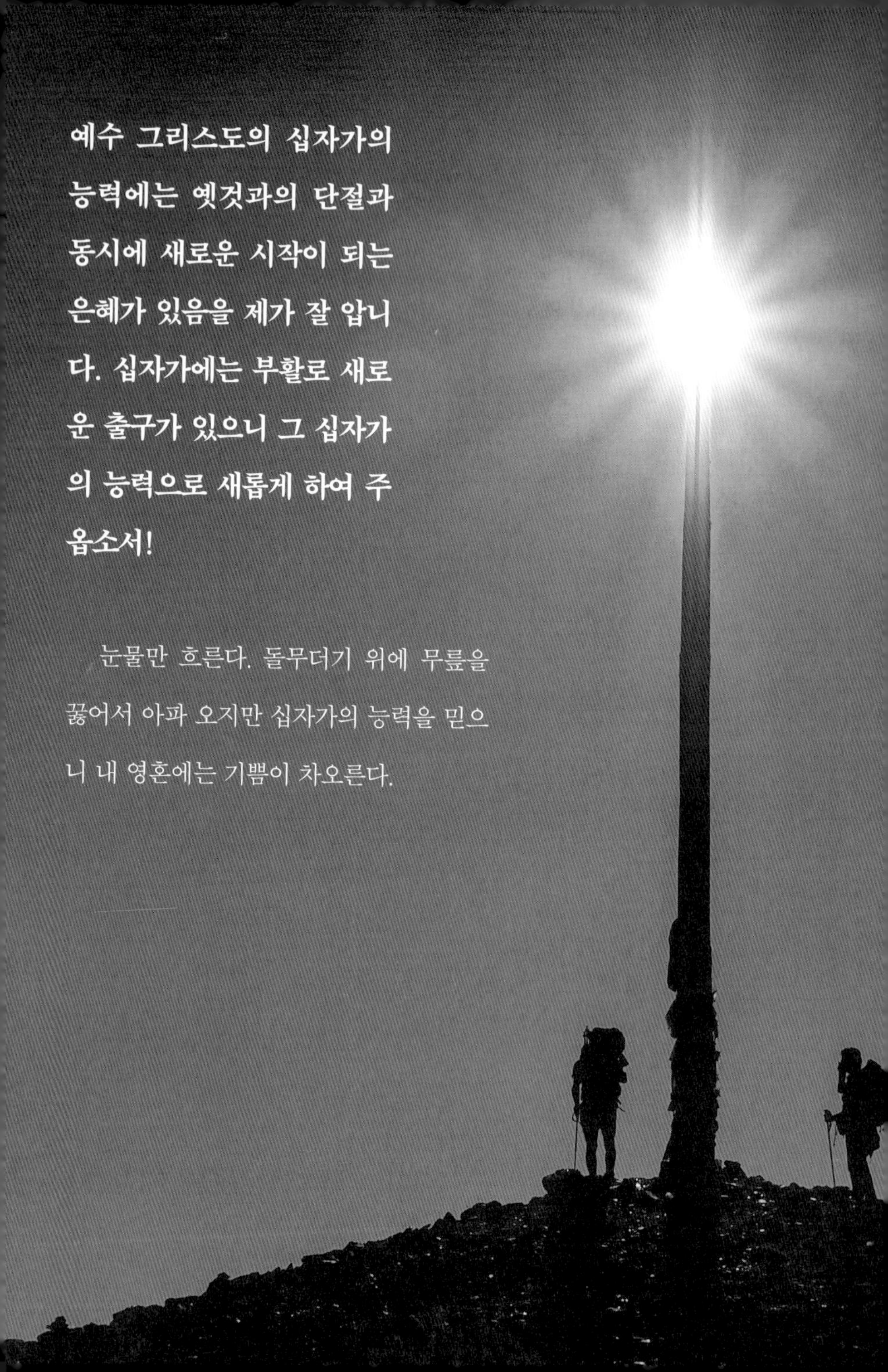

하나님께서는 실패한 인간이 새롭게 출발할 수 있는 장소를 마련해 주셨으니 그곳은 예수 그리스도께서 자기를 부인하시고 온전히 하나님의 뜻을 이루신 갈보리 십자가 언덕이다. 그곳에서 하나님은 인간을 용서하시고 의롭다 하시고 새롭게 하셨다. 그곳에서 맺은 하나님과의 관계는 어떠한 것도 무효화시키거나 떼어놓지 못한다.

갈보리 십자가에서는 인간의 선행, 노력 등이 무력화되고 전적으로 하나님의 거룩한 능력에 의해서 새 삶이 시작되는 곳이다. 인간의 신념과 결심이 출발점이 될 때는 늘 좌절과 실패를 반복하게 된다. 그러나 십자가 아래가 출발점이 되면, 하나님의 인도함을 받게 되어 죄의 속박에서 벗어나게 된다. 이러니 어찌 십자가의 능력을 찬양하지 않을 수 있을까?

부엔 카미노!

산티아고 가는 길은 온전한 길인가?

내가 여호와께 바라는 한 가지 일 그것을 구하리니
곧 내가 내 평생에 여호와의 집에 살면서
여호와의 아름다움을 바라보며
그의 성전에서 사모하는 그것이라.
시편 27:4

산티아고 순례 길이 영성을 쌓는 데는 온전한 신앙의 길이 될 수 있다고 단정 지어서는 안 될 것이다. 그렇게 단정 지을 때는 실망하게 되고, 또 실망한 상태에서는 곧 후회를 하게 된다. 이 세상에서 온전한 것이 발견될 수 있을까? 그에 따른 대답은 없다.

카미노에서의 갑작스러운 기후 변화, 육체의 피곤함과 고통 그리고 숙소에서의 불편함, 입맛의 차이 등이 엄연히 존재하기에 온전한 길이 된다고 할 수는 없을 것이다. 하지만 자기를 발견하고자 걷는 사람들이 있고, 영성을 추구하며 걷는 순례자들이 있고, 그러한 카미노 순례자들을 섬기기 위한 마을 사람들과 생활 봉사자들이 있다.

무엇보다 카미노가 불완전한 가운데 아름답게 느껴지는 것은, 많은 순례자와 카미노에 관계된 모든 분이 진실과 사랑의 밝은 모습으로 격려하며 용기를 심어 주는 모습에서 하나님의 현존하심을 느끼기 때문이다.

그래서 불완전한 길이지만 카미노는 참 아름답다. 불완전한 것은 부실한 것과 다르다. 카미노는 불완전한 것이지 부실한 길은 아니다. 부실에는 진실과 참됨과 아름다움이 없다. 왜냐하면 부실에는 거짓과 위선과 속임수와 눈가림만 있기 때문이다.

그러나 카미노는 분명히 불완전하지만 거기에는 사랑과 진실, 참됨과 헌신 그리고 희망으로 이끄시는 하나님의 현존이 날마다 드러나기에 온전함의 아름다움을 조금씩 맛볼 수 있는 여정이어서 참 아름답다.

어떠한 것도 완전한 것이 없는, 모조리 불완전한 것뿐임에도 희망을 가져야 할 이유가 있기에 기독교는 역설인가 보다. 지상의 교회는 하나님의 백성이 하나님 나라로 올라가는 길목으로 비유할 수 있다. 교회에 새로 입교한 성도 중에 일생에 있어 가장 좋은 교회를 만나게 되었다고 기뻐하시는 분들도 간혹 있다. 하지만 그렇게 말씀하시는 분들은 오래 가지 못한다. 왜냐하면 교회가 완전한 줄 알았지만 곧 그렇지 못하다는 것을 발견하고 실망하기 때문이다. 그

러면서 먼저 섬기던 교회를 쉽게 떠나게 된 것에 후회하기도 한다. 모든 교회가 불완전하지만 당당함을 가져야 할 것이다. 그 이유는 지상의 교회가 불완전함 가운데서도 사랑과 진실, 참됨과 헌신, 위로와 희망으로 점철되어 가고 있기 때문이다. 지상의 교회는 하나님의 약속과 미래 가운데 놓여 있다. 삼위일체 하나님께서는 지상의 교회를 부실함에 내어 주지 않으시고 예수 그리스도의 은혜와 성령님의 능력으로 지속적인 사랑과 진실, 참됨과 헌신으로 세워 가시므로 지상의 교회는 희망을 내려놓지 말아야 할 것이다.

부엔 카미노!

시험^{유혹}과
생명의 면류관

내가 여호와를 항상 내 앞에 모심이여
그가 나의 오른쪽에 계시므로
내가 흔들리지 아니하리로다.

시편 16:28

카미노의 길에는 넘어야 할 산이 있고, 통과해야 할 골짜기가 있으며, 건너야 할 강이 있다. 그리고 도시와 마을들을 지나가야 한다. 우리 인생의 여정도 이와 같다고 할 수 있을 것이다. 인생의 여정에 이러한 것들이 놓여 있어도 도착해야 할 목적지가 있으면 그곳을 바라보면서 갈 수 있을 것이다. 그러나 인생의 여정에 언제나 숨겨진 시험^{유혹}이 있어서 인생을 허무함과 무의미로 채우는 것처럼 카미노의 길에도 숨겨진 시험^{유혹}이 있다.

제법 큰 마을에는 순례자들을 유혹하는 술집이 있다. 순례 길 초반에는 술집이 없었는데 카미노 중반을 넘어서니 순례자들을 유혹하기 위한 술집이 있다.

포세바돈의 1,504m의 산을 넘고 골짜기를 통과하여 600m까지 내려온 순례자들이 1,295m의 오세브레이론 마을까지 다시 올라가기는 힘이 든다. 그런데 30유로를 지불하면 카미노에서 제일 가파른 5km 정도를 말을 타고 수월하게 갈 수 있다. 내가 사진 때문에 지체를 하니까 말 주인의 딸이 미소를 지으면서 자꾸 말을 타고 가라고 권한다.

시험^{유혹}과 무관하게 살아갈 수 있는 사람은 아무도 없다. 왜냐하면 사람은 죄의 성품을 가진 존재로서 내면에 감추어진 불만족, 결핍, 상처에서 비롯되는 욕망이 외부 환경과 결탁될 때 시험^{유혹}에 걸려들기 때문이다. 시험의 근원인 욕망은 잘못된 소유욕이다. 시험^{유혹}의 결과는 삶을 훼손시키고 파괴시키지만, 그것이 처음에는 호기심을 불러일으켜 우리의 감정과 이성을 사로잡아 판단을 흐리게 한다. 그리고 시험^{유혹}의 나쁜 결과들을 잘 알지 못하게 만든다.

누구나 시험으로부터 자유로울 수는 없다. 하지만 시험^{유혹}을 이길 수는 있다. 그것은 하루하루의 삶의 여정에서 하나님과 깊은 사랑의 교제를 갖게

되면 우리 안에 하나님이 임재하시는 지성소가 깨끗하게 되어서 그 시험에서 승리하게끔 한다. 시험을 이기게 되면 돈으로 살 수 없는 기쁨과 성취감을 얻으면서 또 다른 모양의 시험을 이기게 하는 원동력이 되기도 한다.

또한 시험誘惑에는 긍정적인 면도 있다. 시험을 받을 때에 그동안 내면 깊은 곳에 감추어 두었던 어두움, 치졸함, 위선, 거짓됨, 연약함 등을 스스로 발견하게 된다. 이렇게 드러난 것을 고치거나 바꾸어 나갈 때마다 시험을 잘 견딘 것이 되어 희미하게나마 영원한 생명의 면류관이 무엇인

지를 경험하게 된다.

시험을 참는 자는 복이 있나니 이는 시련을
견디어 낸 자가 주께서 자기를 사랑하는 자
들에게 약속하신 생명의 면류관을 얻을 것
이기 때문이라. ^{약 1:12}

부엔 카미노!

자신의 기대가 무너져 내릴 때

가장 좋은 것으로 주시는도다

하나님이여 나를 지켜 주소서 내가 주께 피하나이다
내가 여호와께 아뢰되 주는 나의
주님이시오니 주 밖에는 나의 복이 없다 했나이다.
시편 16:1-2

멜리데에 있는 산 안톤 알베르게는 신설된 알베르게로 카미노 길에서 우측으로 조금 벗어나 있지만 시설도 좋고, 주인이 친절해서 카미노들에게 상당히 인기가 있을 것 같다. 여기는 무릎 통증으로 카미노의 길을 잃고 헤매다가 우연히 발견된 곳으로 나는 5일째 이곳에 머무르고 있다.

100km만 걸어서 성인의 품야고보이라고 하는 '산티아고 데 콤보스텔라'에 들어가기만 해도 순례 증서를 발급해 준다. 그래서 100km 전인 '사리아' 마을부터는 카미노를 하는 사람들이 갑자기 많아진다. 좀 과장되게 말하자면 줄을 서서 들어가고 있을 정도이다. 그래서 100km 전 모든 마을들의 알베르게는 때론 만석이 되기도 한다. 그런데 산 안톤 알베르게는 카미노 길에서 우측으로 조금 벗어나 있고 카미노들에게 알려져 있지 않아 조용하다. 몇 명 되지 않는 순례자들이 이 알베르게에서 곤한 잠을 자고 나서 출발하려고 새벽부터 배낭을 꾸리는 모습을 보면 나도 같이 출발하고 싶지만 걷지를 못하기에 포기하게 된다.

　산 안톤 알베르게에서 묵었던 둘째 날, 답답함이 있어 아내와 통화하면서 시일을 앞당겨서 귀국을 해야 할 것 같다고 하니 "죽을 병도 아닌데 숙소에서라도 예정된 날짜 다 채우고 들어오세요."라고 한다. 산티아고 데 콤보스텔라에 같이 들어가기로 했던 두 분의 목사님으로부터 잘 도착해서 다음 일정에 들어섰다는 소식을 들으니 멜리데에서 기대가 무너질 것 같은 생각에 한동안 어두움과 혼란스러움이 마음을 지배했다.

　지금 여기서 내 힘으로 안간힘을 다 써서 빠져나가려고 하면 할수록 더 깊은 절망의 늪에 빠져드는 느낌이 든다. 그래서 지금까지 쌓아온 것이 다 무너져도 좋다는 생각을 가지고 무너져 내림을 받아들이는 것이 가장 좋은 길이 됨을 인정하게 된다.

　　더 좋은 것을 주시고자 하시는 하나님의 은 총 가운데 있음을 깨닫고, 다시 새롭게 세워

주심을 침착하게 기다리는 것이 최선임을 받아들이게 된다.

우리는 자신의 기대와 업적이 무너져 내리는 것을 두려워한다. 그 이유는 다른 사람들로부터 좋은 평가와 칭찬을 받지 못하기 때문이기도 하고, 그동안 자신이 애쓰고 수고해서 쌓아 올린 업적과 성공이 무너질 때 큰 아픔을 겪기 때문이다.

그러나 이것은 기회가 될 수 있음을 깨달았다. 선하신 분은 오직 하나님 한분이시기에 나는 무너지고 새롭게 세워지는 것은 선을 이루는 것이 되기 때문이다. 그리고 쌓아가야 할 것은 자신의 기대와 업적과 성공이 아닌 언제나 변함 없이 가장 좋은 것을 주시는 하나님에 대한 깊은 신뢰이다. 이것이 오직 이 세상에서 가장 좋은 것을 쌓는 것이다.

부엔 카미노!

산 안톤 알베르게를 엿새 만에 나서면서

하나님께서 만들어 내시는 퍼즐

그러나 내가 가는 길을 그가 아시나니
그가 나를 단련하신 후에는
내가 순금 같이 되어 나오리라.
욥기 23:10

나는 엿새 동안 슈퍼와 병원, 성당을 다녀온 일 외에는
멜리데라는 마을에 있는 산 안톤 알베르게에서 다리를 펴
고 얼음 찜질을 하면서 성경 읽기와 묵상으로 많은 시간을
보냈다. 적지 않은 경비와 시간을 들여서 왔는데 무릎 통증
으로 걷지도 못하고 산 안톤 알베르게에 6일 동안 계속 머
물러 있어야만 했을 때, 마음은 어두움으로 드리워져 있었
다. 하지만 빨리 다시 걷고자 나의 뜻을 내려놓고 하나님께
서 그분의 방식대로 다시 인도하여 주심을 기다리게 되면
서 마음은 평안과 감사로 조금씩 바뀌게 되었다.

내가 의도하지도 않았음에도 6일 동안 움직일 수 없게
된 것은 카메라 셔터 타임을 놓치지 않기 위해서 뛰어 다
녔고, 종교적이나 역사적으로 더 좋은 마을과 도시의 알베

르게에 머물고자 하루에 많은 거리를 걸었기 때문이었다. 에스테야에 가는 날에는 하루에 약 53km 걸은 적도 있다. 이러한 욕심이 현재의 결과를 만들어 냈음을 잘 안다.

하나님은 정말 놀라우신 분이시다. 내가 만들어 내는 온갖 욕심과 실패 등의 수많은 파편들로 나 자신의 모습을 스스로 망쳐 놓았음에도, 욕심과 죄의 파편으로 깨어진 자화상의 조각들을 하나도 버리지 않으시고 새롭게 맞추셔

서 디자인 해 놓으신다. 아니 더욱 멋있고 보기 좋은 자화상으로 만들어 놓으시니 어찌 기막힌 일이 아닌가?

이 산 안톤 알베르게에서 나와 관계된 일의 근원을 하나님께 두기보다는 내 뜻대로 잘 되는가, 그렇지 않은가에 두었던 것을 깊이 반성했다. 그러면서 어두움 가운데서도 나를 변함없이 사랑하고 계시는 하나님의 사랑과 용서, 하나님의 긍휼과 인내에 존재의 근원을 두지 않고 있었음을 발견하게 되었다. 그리고 감정, 상황에 치우쳐서 쉽게 낙심하고, 쉽게 단정하게 되었던 일에 대해서 되돌아보게 되었다.

존재의 근원을 자신의 성공, 업적 등에 두지 아니하고 언제나 하나님께 두는 영적 습관을 갖게 된다면 온갖 죄의 파편으로 인한 좌절, 절망, 역경 등에 먹힘을 당하지 아니하고 희망 가운데 삶을 긍정할 수 있을 것이다.

인간 스스로 자신의 자화상을 깨뜨렸음에도 깨
져서 버려진 자화상의 조각을 하나도 버리지 아니하
시고 그 깨어진 조각으로 다시 맞추셔서 우리의 자
화상을 멋지게 하신 하나님을 찬양하게 된다.

부엔 카미노!

하나님의 은혜

주 우리 하나님의 은총을 우리에게 내리게 하사
우리의 손이 행한 일을 우리에게 견고하게 하소서
우리의 손이 행한 일을 견고하게 하소서.
시편 90:17

오늘은 하나님의 인격이 비범한 방식으로 갑자기 나타나서서 나의 영혼과 마음을 감싸기 시작하는데 그때 나의 영혼은 순간적으로 고상해지는 기쁨을 누리게 되었다. 그분의 아름다운 성품이 내 영혼을 감싸 주시자 그 사랑에 압도되어 눈에서는 그냥 하염없이 눈물이 쏟아지기 시작했다. 나는 마치 왕이 된 것처럼 크게 자유하는 가운데 현재의 형편을 하나님께 감사했다. 그러면서 어떠한 형편 속에도 자족할 수 있는 하나님의 성품을 경험하게 되었다.

카미노에서 놀라운 하나님의 은혜를 맛보게 된 것이다. 이러한 하나님의 은혜를 다른 말로 표현하면 어떤 말이 가장 적합할까? '형용할 수 없는 은혜', '초월적인 은혜', '뜻밖의 은혜'라고 표현한다 해도 부족할 것 같다. 그래서 오늘은 "하나님의 은혜에 감사합니다."라는 고백을 많이 하게 되었다.

　　하나님의 은혜를 논할 때 칼빈 목사님은 선택적 은혜를
말했다. 그렇다. 하나님의 은혜 중에 이 '선택적 은혜'는 정
말 최고의 은혜가 아닌가? 왜냐하면 하나님은 나를 선택하
실 때 내가 어떤 가문의 사람인지, 어떤 신분의 사람인지,
무엇을 소유하고 있는 사람인지, 그동안 무엇을 하고 있었

는지를 전혀 묻지 않으시고 무조건적으로 선택해 주셨다.
그리고 하나님의 견인적 은혜는 나에게 거짓과 실수가 많
음에도 절대 포기하지 않으시고 용서와 사랑으로 덮으셨
다. 그리고 그분의 인격으로 다시 세워 가시는 가운데 마침
내 하나님의 나라에 들어가게 하신다.

이러한 하나님의 은혜는 인간의 한계와 온갖 방해를 뛰어 넘으면서 사탄의 끝없는 저지를 뚫고 나아가 선택받은 자녀들을 언제나 새로운 희망의 세계로 인도해 가신다. 예수 그리스도를 십자가의 죽음에서 다시 살아나셔서 새로운 출구로 열어 가시는 하나님의 은혜는 어둡고 답답한 세상이 밝고 환희의 세상으로 바뀌어 갈 수 있도록 선한 능력과 무한하신 지혜로 쉼 없이 활동하고 계신다. 그렇기에 사람들이 여전히 공해를 유발시키며 자연을 훼손시켜 나가지만 선한 능력과 지혜가 쉼 없이 활동하시는 하나님의

은혜는 자연이 아름답게 보존되도록 재창조해 가신다. 그렇다. 하나님의 은혜는 매우 부드러우면서도 세상의 어떤 것보다도 강력하시다.

"하나님의 형용할 수 없는
은혜에 감사합니다."

부엔 카미노!

몸으로서의 예배

성소를 향하여 너희 손을 들고 여호와를 송축하라
천지를 지으신 여호와께서 시온에서 네게 복을 주실지어다.
시편 134:2-3

야곱이 다리를 절면서 형 '에서'를 만나게 됨으로 뜻밖에 '에서'의 긍휼을 힘입게 되었듯이 나 역시 다리를 절면서 '야고보 성인의 품'이라고 하는 "산티아고 데 콤보스텔라"에 도착하게 되었는데 주님께서 따뜻한 가슴으로 안아 주시는 듯한 감격을 맛보게 되었다.

내가 카미노 순례를 선택하게 된 여러 이유 중에 하나는 성경에서 말씀하시는 '몸으로서의 예배가 무엇을 의미하는가?'를 알기 위함이었다.

우리의 몸은 자신의 내면을 반영해 주는 거울과 같다. 활기 넘치는 젊음을 가지고 있더라도 그의 내면에 한시적이고 순간적인 정욕으로 가득 채워져 있다고 하면 그 몸은 매우 추해 보인다. 또 세포의 기능이 다해서 활동에 많은 제한을 받는 노인의 몸을 가지고 있더라도 그의 내면에 진지함과 친절, 자비, 긍휼 등을 담고 있다면 그 몸은 매우 고상해 보이기도 하고, 노인의 멋스러움이 있어 보인다.

성경에서 우리의 '몸'을 말씀하실 때 그 몸은 먹고 마시고 생육하는 단순한 육적인 차원을 넘어서, 사고하고 말하고 느끼고 관계를 형성케 하는 영적 본질의 인격이 포함된 전인적인 것을 말씀하고 있다. 그리고 우리의 몸은 이 세상에서 잠시 존재하다가 썩어 없어질 몸이 아니라 부활하신

주님처럼 고상하고, 아름답고, 존귀하고, 영원한 몸으로 규정되어 있다고 말씀한다. 그래서 예수님은 우리가 하나님께 나올 때 어느 누구나 다 나올 수 있지만, 아무렇게나 하고 나와도 된다고 말씀하시지 않으셨나 보다. 그리고 구약과 예수님, 하나님의 나라를 통합하여 재해석을 한 후 우리에게 선명한 복음을 제시해 준 사도 바울은 크리스천에게 "몸으로 하나님께 예배" ^{롬 12:1} 하라고 했다.

나는 카미노 순례 길에서 종교, 역사, 문화, 건축, 풍광 등이 몸의 영적 감각을 새롭게 스며들게 하면서 기독교 용어에서 '몸'이라는 단어가 내포하고 있는 것이 무엇을 지향하고 있는지를 깨닫게 되었다. 우리의 '몸'은 이 현실에서 끝나지 않고 영원한 삶으로서의 '몸'으로 열려 있기에 인생의 여정에서 하나님과 다른 사람들과의 관계를 지속적으로 갱신되어 나아가는 길만이 '몸'으로서의 참 예배가 됨을 깨닫게 되었다.

우리의 '몸'은 현재와는 다른 몸으로 변형을 이루게 되고, 그 변형은 오늘의 현실에서부터 시작된다.

우리의 몸은

하나님의 영이 임재하시는 장소요,

하나님의 영광을 드러내는 통로요,

하나님의 품격을 비추는 거울이요,

하나님의 사랑을 드러내는 몸체이다.

부활하신 주님처럼 아주 고상하고 존귀한 몸으로 약속

되어 있기 때문이다.

부엔 카미노!

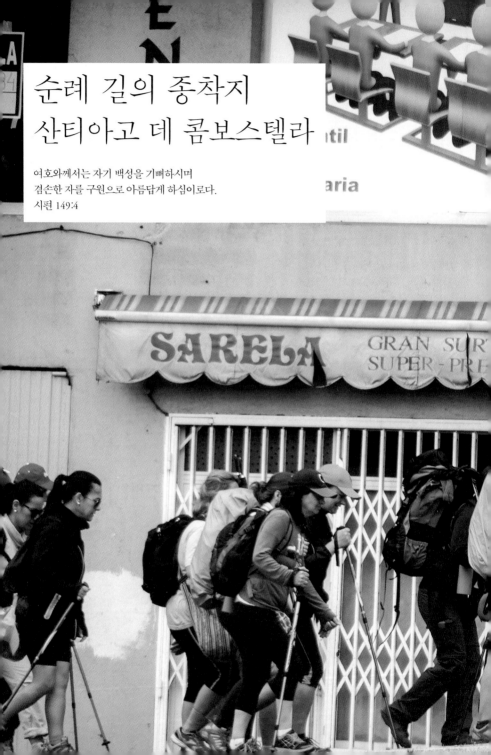

순례 길의 종착지
산티아고 데 콤보스텔라

여호와께서는 자기 백성을 기뻐하시며
겸손한 자를 구원으로 아름답게 하심이로다.
시편 149:4

카미노는 인생의 여정과도 같다. 인생에 종착지가 있
듯이 카미노에도 카미노의 종착지가 있기 때문이다. 그들
은 야고보 성인의 품인 '산티아고 데 콤보스텔라'를 카미노
의 종착지로 여기고 있다. 그래서 자신들이 산티아고에 도
착하게 되면 그동안 흘린 수고와 땀을 야고보 성인이 넓은
품으로 안아 줄 것을 기대하면서 성인의 도시인 산티아고
가 내려다보이는 곳부터 감격과 기쁨으로 환호하게 되는

것 같다. 야고보 성인이 자신들의 미래까지도 감싸 주실 것을 믿는 것 같다. 그렇지만 카미노나 인생의 여정에 있어 종착지는 하나님의 품이다. 그 종착지는 음산하고 어두운 곳이 아닌 어머니의 품보다 더 따뜻하고 아주 밝은 하나님의 품이다. 그래서 성 어거스틴은 이렇게 말했다.

내가 하나님의 품에 안기기 전까지 참 안식은 없다.

우리 모두는 인생의 여정에 있어 그 마지막 종착지는 하나님의 따뜻한 사랑이다. 그 품은 한 없이 넓어 영원한 안식이 있다. 우리의 마지막 종착지가 하나님 사랑의 품이기에 우리는 현재에서 마음과 뜻과 정성과 힘을 다해 하나님을 사랑해야 사랑의 목마름이 해갈되고 영혼과 삶의 문제가 하나씩 풀려지기 시작한다.

대충하거나 건성으로 사랑할 경우, 영혼과 삶의 문제는 엉킨 실타래처럼 풀리지 않을 것이다. 왜냐하면 인생 여정

에 마지막 종착지가 애매모호한 곳이 아니라 예수 그리스
도 안에서 분명히 정해진 하나님 사랑의 품이기 때문이다.

하나님의 품은 희망, 기쁨, 사랑으로 충만한 자리이다.
하나님의 품은 고통과 고난에 대한 보상과 온전함이 은혜
로 주어지는 자리이다. 우리 모두는 그 은혜의 자리인 그분
의 품안에서 부활하신 예수님처럼 아름다운 모습을 띠게
될 것이다.

나는 카미노를 마치게 되면서 의도적으로 의식을 작동

시키지 않았음에도 마음에 깊숙한 곳에서부터 자연스럽게 은혜의 자리인 하나님의 따뜻한 사랑의 품을 고대하는 자가 되었다. 그것을 이 여정의 의미와 가치로 여기며 가장 큰 감사로 고백하게 된다.

부엔 카미노!

지구의 땅끝 피스테라
간절한 그리움

그들이 평온함으로 말미암아 기뻐하는 중에
여호와께서 그들이 바라는 항구로 인도하시는도다.
시편 107:30.

복음 전도자들은 피스테라를 지구의 땅끝이라고
보았기에 이곳까지 걸어와서 복음을 전했다고 한다.
무릎을 다쳐 산티아고에서 세 시간 정도 버스를 타
고 피스테라에 도착하니 전도자들의 열정과 태양 빛
이 바다 위에 반사되어 은빛으로 물들인다.

카미노의 마침표를 찍기 위해서 숙소에서 0.00km의 표지석이 있는 곳까지 3.5km를 걸어 올라가는 데 무릎 통증으로 식은땀이 흐른다. 카미노의 마지막 순례자 동상, 카미노의 목을 축이는 마지막 샘물 아구아, 진정한 카미노의 마침표를 찍는 0.00km 표지석 그리고 이어서 나타나는 피스테라 등대에 오르니 카미노들은 보이지 않고 수많은 관광객들이 차를 타고 올라와 있다.

관광객들은 지구의 땅끝이라는 이곳, 먼 바다만 보이는 이곳까지 왜 올라왔을까? 아마도 오염되거나 훼손되지 않은 완전한 장소에 대한 간절한 그리움 때문일 것이다.

인간의 마음 속 깊은 곳에 숨겨져 있는 간절한 그리움을 동경이라고 한다. 그래서 동경을 소재로 하여 문학, 예술, 영화, 노래로 표현해 보지만 근본적인 해결의 길을 제시하지 못한다. 인간에게는 누구나 세상의 것들로 만족시킬 수 없는 간절한 그리움을 갖고 있다. 인간 모두가 내면 깊숙한 곳에 간절한 그리움을 갖게 된 것은 최초의 인간인 아담과 하와가 하나님으로부터 에덴동산에서 추방을 당하

고 난 이후이다. 그때부터 모든 인간에는 영원한 본향에 대한 그리움, 영원한 사랑에 대한 목마름, 진실된 실체와의 연합을 갈망하는 자가 된 것이다. 그러므로 그 간절한 그리움이 지시하는 곳은 바로 영원한 본향, 영원한 사랑, 진실된 실체와의 연합이 되는 곳이다.

그러나 안타깝게도 간절한 그리움이 지시하는 곳을 알지 못할 때 문제가 생긴다. 그 간절한 그리움을 대체해 주거나 일시적으로 완화시켜 주는 어떤 자극적인 감정을 추구하다가 중독의 덫에 걸려들거나 한시적인 행복의 조건들만을 쫓다가 인생을 허무와 공허로 마감하게 된다. 그래서 동경인 간절한 그리움은 긍정적인 면과 부정적인 면을 다 가지고 있다. 간절한 그리움이 지시하는 곳을 바로 알고 믿음으로 모험해 나아갈 때 세상이 주지 못하는 참된 행복을 경험하게 되고 진정한 자신을 찾아가게 된다. 그 간절한 그리움의 실체는 하나님의 나라이다.

나는 40일이라는 짧은 기간 동안 산티아고의 길을 걸으면서 다양한 순례자들과 셀 수 없는 십자가, 역사를 간직한 성당과 건축물, 아름다운 자연을 통해서 지친 몸과 마음이 자연스럽게 치유되는 가운데 내가 맺어야 할 참된 관계는 간절한 그리움의 실체인 하나님의 나라가 됨을 깨달았다.

그리고 그의 나라를 향하여 새로운 걸음으로 나아갈 수 있는 은혜를 입게 된 것을 하나님께 무한히 감사드린다.

부엔 카미노!

카미노의 동행자들

민영남

목사님! 스페인에서 보내 주는 카미노 일보 때문에 하루하루가 참 행복합니다. 목사님, 감사드립니다.

김지현

이제는 아침에 일어나면 목사님의 소식부터 보게 됩니다. 드넓은 포도밭과 야경, 아름다운 자연을 찍어 보내 주시니 감사합니다. 늘 건강 지키셔야 됩니다.

황수희

정말 너무너무 아름답습니다. '하나님의 기막힌 솜씨' 맞네요. 피곤하실 텐데 이렇게 섬세한 기행문 남겨 주셔서 정말 감사합니다. 건강 유의하십시오.
정말 너무너무 수고하셨어요. 마치 제가 순례 길 떠난 듯이, 귀한 글 읽으면서 감사했습니다.

김창현

우리의 동행자는 하나님이십니다. 지금쯤 육체적으로 많이 힘드실 텐데, 발에 물집이 안 생겼는지 모르겠네요. 힘내세요. 목사님! 우리는 모두 하나님의 계획 안에 있음을 일깨워 주시는 은혜에 늘 감사할 따름이에요.

송귀채

저희들은 이곳에서 아름다운 그곳을 봅니다.

서미선

글도 사진도 너무 생생하고 은혜롭습니다. 감사합니다.

박정란

목사님! 순례 길의 경험을 공유해 주심으로 하나님께서 인도하시는 저희들의 인생을 되돌아보고 다시 생각할 수 있는 기회를 주심에 깊은 감사를 드려요. 쉬시면서 주님 안에서 상처가 회복되고, 평안한 몸과 마음으로 순례 길이 마무리되길 기도 드립니다. 부엔 카미노!

최상은

순례 길이 어찌나 아름다운지요. 역경을 이기라고 아름다운 경치를 선사했나 봐요. 가는 여정은 고난의 연속인데 경관은 최고입니다. 힘내세요.

성수연

할렐루야 우리 목사님!
글 속에서 목사님의 흥분과 하나님에 대한 경이로움을 느낍니다. 하나님께서도 이런 목사님을 보시고 기뻐하시리라 생각됩니다. 피곤하실 텐데 이렇게 저희에게도 순례 길을 느끼게 해 주셔서 감사드려요. 오늘도 기쁨으로 무사히.

김윤진

목사님! 발톱이 빠지셨는데도 강건하게 순례의 길을 가시는 것이 존경스럽습니다. 하나님께서 동행하여 주시고 날마다 새 힘을 주시는 하나님께 감사드립니다. 목사님 뵙고 싶어요. 완주하고 돌아오시는 그날 인천공항으로 마중 나갈게요.

정인혜

목사님! 밴드에 올라오는 글을 카페에 옮기고 수정하는 과정에서 저도 그 길 위에 서있는 것처럼 주님을 만났고, 행복하고 즐거웠고 때론 글 가운데 힘듦이 느껴져서 간접적인 고통도 느끼기도 했습니다. 무엇보다도 은혜로웠고 감사했습니다! 너무 고생하셨습니다!

유현주

목사님 사진과 글 속에 목사님의 성품이 그대로 나타나네요.
섬세함, 꼼꼼함, 성실함, 정직함. 참 좋습니다. 그래서 주님이 목사님을 사랑하고 계시네요.

서혜경

정말 화살표 모양이 제 각각이네요. 자칫 정신줄을 놓고 있다가는 길을 잃기 십상이겠어요.